AF562938

L'ÉTUDE DU GREC

DANS L'ÉDUCATION FRANÇAISE

DISCOURS DE RÉCEPTION A L'ACADÉMIE DES SCIENCES, BELLES-LETTRES & ARTS

DE LYON

Prononcé dans la séance publique du 1er août 1871

Par M. Henri HIGNARD

PROFESSEUR A LA FACULTÉ DES LETTRES

LYON

ASSOCIATION TYPOGRAPHIQUE

Regard, rue de la Barre, 12

1871

L'ÉTUDE DU GREC

DANS L'ÉDUCATION FRANÇAISE

DISCOURS DE RÉCEPTION A L'ACADÉMIE DES SCIENCES, BELLES-LETTRES ET ARTS DE LYON

(Prononcé dans la séance publique du 1er août 1871

Par M. Henri HIGNARD

PROFESSEUR A LA FACULTÉ DES LETTRES

MESSIEURS,

Il y a deux portes pour entrer dans les grands corps littéraires comme le vôtre. Quelques esprits privilégiés, par l'éclat d'un talent exceptionnel et précoce, forcent de bonne heure tous les suffrages. Dès leurs premières œuvres, ils prennent dans le Sénat des lettres, des arts ou des sciences, une place qui leur appartient, parce que, malgré leur jeunesse, ils sont déjà des maîtres et des modèles. Pour d'autres cet honneur est le prix de longs travaux, le couronnement de toute une carrière, et d'un persévérant amour pour les grandes choses dont vous êtes la vivante représentation. C'est ainsi que vous m'avez choisi. Vous avez voulu récompenser en moi les obscurs, mais utiles labeurs de l'enseignement public. Vous avez voulu aussi, et je vous en remercie, donner un nouveau gage d'estime à notre Faculté des lettres déjà si bien représentée parmi vous. Enfin, vous avez pensé sans doute que la nature particulière de mes études me donnait peut-être quelque compétence spéciale dans un ordre de questions auxquelles votre clairvoyance et votre patriotisme ne sauraient rester indifférents, puisque la culture des générations nouvelles, et par suite l'art, la littérature, l'esprit public, la dignité intellectuelle de la France y sont intéressés.

Permettez-moi donc dès aujourd'hui d'examiner brièvement avec vous la plus controversée peut-être de ces questions. Elle est pour ainsi dire à l'ordre du jour. Tous vous l'avez entendu discuter bien des fois. Naguères elle a été solennellement débattue à la tribune des chambres belges, avec non moins d'ardeur et de passion qu'une question politique ; et même chez nous, soulevée tantôt par le pouvoir, tantôt par l'opinion publique, on l'a vue sur le point de descendre des conseils d'un ministère dans l'arène des partis.

Est-ce un bien, est-ce un mal que l'on continue encore à étudier la langue grecque dans nos écoles ? N'y a-t-il pas là un temps considérable consumé sans profit, et des efforts dépensés en pure perte ? Qu'a besoin notre société moderne et chrétienne de se mettre encore à l'école des vieux Grecs? Et même pour ceux qui veulent étudier leurs livres, si souvent traduits et commentés, quelle nécessité de pâlir longtemps sur une langue qu'on ne saura jamais ? Telle est, Messieurs, cette question, de pure pédagogie en apparence, en réalité d'intérêt public, car la jeunesse, et en particulier celle des classes qui dirigent et mènent le monde, c'est l'avenir. Dans cet ordre d'idées, comme en tous les autres, il y a des radicaux qui veulent tout changer. Soit mépris du passé, soit haine du présent, soit utopie, ils répudient toutes les traditions et rêvent un monde entièrement nouveau. Par contre, il y a des conservateurs pour qui la possession fait loi, et qui repoussent toute innovation comme un péril. Les bons esprits cherchent pour prendre parti des raisons plus solides ; de là un débat dont l'histoire n'est point peut-être sans quelque intérêt.

L'étude de la langue et de la littérature grecque faisait déjà, il y a deux mille ans, le fond de l'éducation libérale des jeunes Romains ; depuis lors, de concert avec le latin, bien qu'à un degré inférieur, elle a contribué à former toutes les générations qui conservent d'âge en âge le trésor des connaissances et les traditions de haute culture intellectuelle. Encore aujourd'hui, dans toute l'Europe, ou plutôt dans tout l'univers civilisé, elle tient une place considérable dans ces exercices, dans cette gymnastique de l'intelligence par laquelle toute la jeunesse de l'aristocratie et de la bourgeoisie se prépare à la vie sociale et politique. Mais ce besoin de réforme, cette soif de progrès, qui est à la fois le tourment et l'honneur de notre siècle, ne pouvait manquer d'ébranler les bases de l'éducation comme tous les autres principes du passé. On a mis en question l'utilité de ces anciennes pratiques; on s'est élevé contre l'insuffisance des programmes jusqu'alors acceptés; on a cherché un ordre d'études plus approprié aux besoins des temps nouveaux. Le grec a été l'objet principal de ces attaques. Bien que les arguments invoqués contre lui se retournent presque tous contre le latin, provisoirement les adversaires des langues anciennes ont cru devoir faire entre elles une distinction. Ils tolèrent le latin, en faveur duquel on aurait de trop bonnes raisons à leur opposer; mais ils sont forts contre le grec; car son usage dans la vie pratique est absolument nul, et on en apprend si peu qu'autant vaudrait, pensent-ils, n'en point apprendre du tout.

C'est là le côté spécieux de leur argumentation. Aujourd'hui disent-ils, on n'étudie plus le grec en France, ou du moins on ne le sait plus. Les heures qui lui sont consacrées dans les classes de nos écoles sont des heures absolument perdues, puisque, de l'aveu de tous, une fois la barrière du baccalauréat franchie, il n'est pas un jeune Français qui ne se hâte de jeter bas la très-légère provision de grec qu'il avait faite en vue de ce passage. Sans parler des hommes du monde qui ont bien d'autres affaires, quel avocat étudie encore Démosthène dans le texte? Combien de médecins prennent la peine de déchiffrer l'ionien d'Hippocrate? Ce serait du reste bien inutile, puisqu'on peut les lire si commodément en français. Ainsi la question semble résolue à la fois en fait et en droit. Le grec ne sert à rien, puisqu'on ne le parle pas et qu'on ne le lit plus : l'anglais, l'allemand, l'arabe même, voilà des études utiles dont on peut tirer plaisir et profit; c'est par elles qu'il faut remplacer la vieille routine qui enlève sans fruit une si grande partie du temps de l'éducation scolaire, sans compter les dégoûts qu'elle cause à la jeunesse, et qui lui inspirent souvent pour le reste de la vie l'horreur de tout travail intellectuel.

Ces raisons, il faut le reconnaître, ont leur valeur, et on ne peut les écarter par une fin de non-recevoir. On comprend qu'elles séduisent les esprits, si nombreux de nos jours, pour lesquels l'utile, l'utile matériel, est le seul but de la vie. Dans les dernières années de l'Empire elles avaient accès en très-haut lieu. Dans un document officiel (1865), un ministre de l'instruction publique demandait si les études de langues anciennes, « surtout de grec, » ne pouvaient pas être utilement restreintes. Il reçut une réponse à laquelle il était loin de s'attendre. Pour défendre le grec menacé dans sa domination vingt fois séculaire, une société se fonda qui recruta bientôt de nombreux adhérents ; c'est l'*Association pour l'encouragement des Etudes grecques*. Ici encourager voulait dire défendre ; mais on voulut éviter l'apparence même d'une opposition que le ministre s'était hâté de désarmer en se faisant inscrire comme membre donateur.

Coterie de pédants, diront peut-être quelques personnes. Non, Messieurs, on ne le dira pas, pour peu qu'on jette les yeux sur les *Annuaires* que l'Association a publiés de 1867 à 1870 (1). Dès le début elle réunit plus de six cents membres ; aujourd'hui elle en compte plus de mille, recrutés de proche en proche, non seulement dans le corps enseignant, dans les académies, dans le monde de l'érudition et des lettres, mais dans toutes les classes de la société. On y trouve en grand nombre des artistes, des magistrats, des négociants, des banquiers, des militaires, des hommes politiques, même des archevêques. Le fait seul de leur réunion dans une sorte de croisade pour encourager et défendre l'étude du grec n'est point seulement une réponse aux projets d'innovation qu'on supposait au pouvoir ; c'est ausssi une réfutation tacite, et la plus significative, du principal argument des utilitaires qui déclaraient le grec mort sans retour. Ce qui est mort ne suscite pas de si nombreux défenseurs. Les membres de l'Association paient une contribution annuelle, employée à la publication d'ouvrages en langue grecque ou de méthodes propres à vulgariser cette étude. Or les hommes ne donnnent leur argent que pour ce qu'ils aiment. Plus de cinquante mille francs offerts en trois

(1) Librairies Durand et Lainé, à Paris.

ans sur l'autel du grec prouvent suffisamment que ce culte a encore parmi nous des fidèles.

Du reste, comme c'est par des raisons plutôt que par de l'argent que les bonnes causes veulent être soutenues, l'Association consacrait, en 1868, un certain nombre de ses séances mensuelles à discuter les divers griefs invoqués par les adversaires des études grecques, et elle soumettait à l'autorité compétente les conclusions de cet examen. Tout en indiquant certaines réformes désirables dans les méthodes pour rendre les résultats plus prompts et plus sûrs, elle maintenait les principes « d'une éducation fondée sur l'histoire même de nos mœurs, de nos institutions, de notre langue et de notre littérature ». Cette intervention fut décisive. On ne parla plus des changements annoncés, et la cause du grec fut pour un temps gagnée. C'était une véritable victoire, dont les effets se firent sentir même hors de France. Elle fut invoquée comme un précédent et un exemple dans les débats de la chambre des représentants de Belgique, au mois de février 1869; elle fournit des armes aux champions des études grecques, et contribua pour une large part à entraîner le vote par lequel nos voisins repoussèrent ce qu'on peut appeler la révolution scolaire.

Ainsi, Messieurs, s'il est des gens qui n'aiment pas le grec parcequ'ils ne le savent pas, il en est d'autres qui le savent et qui l'aiment; donc le temps qui lui est consacré dans le cours des études classiques n'est point pour tous du temps perdu. On pourrait le prouver encore par le nombre considérable de publications auxquelles donnent naissance, de nos jours, et en France seulement, la langue et la littérature grecque. Éditions d'ouvrages retrouvés, traductions, commentaires, études critiques, il y a là toute une bibliothèque dont le catalogue seul exigerait un énorme labeur (1). Elle prouve à tout le

(1) Il a été fait avec beaucoup de soin par M. Egger dans le deuxième appendice de son beau livre *De l'Hellénisme en France* (Paris, Didier, 1869, 2 volumes in-8°), qui traite *in extenso* de l'influence des études grecques sur le développpement de la langue et de la littérature françaises.

moins que le goût du grec n'est point près de s'éteindre parmi nous, quoi qu'en puissent dire les observateurs superficiels et les esprits chagrins. On pourrait affirmer sans paradoxe qu'aucune époque de l'érudition française n'a vu une pareille fécondité, et que, par conséquent, ne fût-ce que par leur diffusion, les études grecques, loin d'être en décadence parmi nous, sont plutôt en progrès. Il est vrai, aujourd'hui, on n'embrasse plus les gens pour l'amour du grec, comme faisaient Philaminthe, Armande et Bélise ; c'est un bénéfice auquel les hellénistes doivent renoncer désormais. Mais cela ne prouve-t-il pas que le mérite d'en savoir un peu est moins rare qu'au dix-septième siècle ? Quant au dix-huitième, il est difficile de l'opposer au nôtre sur ce point quand on lit les plaintes de Rollin sur l'affaiblissement de cette étude dans les écoles de son temps. Il est piquant de voir, dès 1726, les mêmes raisons alléguées déjà à l'appui de la paresse et des préjugés utilitaires. « La plupart des pères, dit Rollin, regardent comme absolument perdu le temps qu'on oblige leurs enfants de donner à cette étude..... Ils avaient, disent-ils, appris aussi le grec dans leur jeunesse, et il n'en ont rien retenu. C'est le langage ordinaire, ajoute spirituellement Rollin, *qui prouve assez qu'on n'en a point oublié.* » Fleury disait déjà à peu près les mêmes choses quarante ans plus tôt, en 1686. On les a dites dans tous les temps, parce que dans tous les temps l'étude du grec a surtout été pour la jeunesse un exercice de gymnastique intellectuelle, et que la connaissance réelle et durable de cette langue difficile ne pouvait être que l'apanage du petit nombre. Sur ce point notre siècle n'a rien à envier au passé. S'il est vrai qu'on ne fait des livres que parce qu'il y a des lecteurs, jamais la société française n'a compté autant d'amis des lettres grecques. Leur prétendue mort est bien plutôt une renaissance.

J'insiste sur la question de fait, sur la stérilité dont on accuse les études grecques dans l'éducation française, parceque c'est là le principal argument de leurs adversaires. En l'écartant on met fin au procès. Jamais personne n'a contesté sérieusement l'utilité de l'étude des langues, ni, sur ce point particulier, la supériorité des langues anciennes sur les langues modernes pour le développement de l'intelligence. A ce point de vue théorique et philosophique la question est jugée pour le grec aussi bien que pour le latin. Malgré la distinction provisoire qu'on affecte d'établir entre eux, leurs destinées sont à peu près les mêmes. Ils mourront ensemble si les principes utilitaires viennent jamais à prévaloir dans l'éducation ; ils vivront côte à côte si le monde civilisé veut conserver à ses écoles ce qui a fait jusqu'ici leur force et leur éclat. C'est pour cela qu'en Angleterre, chez un peuple éminemment pratique, le grec garde une grande place dans l'éducation supérieure des classes élevées. A Eton, à Oxford, à Cambridge on va même jusqu'à faire des vers grecs, ce qui n'a jamais été introduit dans les écoles françaises. Aussi voit-on des hommes d'Etat, comme Lord Derby, M. Gladstone, d'autres encore, employer les rares loisirs que leur laisse la politique à traduire du grec.

Mais bien plus encore que l'Angleterre ou que l'Allemagne, ne semble-t-il pas que la France ait des raisons particulières de rester fidèle à cette tradition? Notre langue, notre littérature, notre génie national se sont développés de siècle en siècle sous l'influence constante de la langue, de la littérature et du génie de la Grèce. Le Christianisme lui-même nous est venu par ce canal, comme le prouvent les noms seuls des grands apôtres de la Gaule, les Pothin, les Irénée. « Notre langue est pleine de mots grecs, notre littérature tout imprégnée d'idées grecques. (1) » Aussi pour bien connaître notre langue, pour bien goûter notre littérature, il manquera toujours quelque chose à quiconque reste entièrement étranger à la langue et à la littérature grecque. Supprimer cette forte culture serait condamner les classes savantes de l'avenir à une irrémédiable infériorité.

Si le français ne compte point le grec parmi ses ancêtres, à quatre reprises différentes il en a reçu comme des legs qui l'ont enrichi ; une première fois par les colonies grecques qui peuplèrent une partie de

(1) M. Egger; *De l'Hellénisme en France.* T. I. p. 2.

nos côtes méridionales, notamment par les Phocéens de Marseille, ou encore par les marchands grecs qui remontaient le Rhône ; plus tard par l'invasion romaine, qui nous apporta tout ce que les Latins eux-mêmes devaient aux Grecs ; puis par les apôtres du Christianisme, pour la plupart fils de la Grèce asiatique, qui annonçaient la parole du Sauveur dans la langue de Platon. Enfin dans des temps plus modernes qui durent encore, les sciences n'ont rien trouvé de mieux pour exprimer les faits nouveaux qu'elles découvrent, pour nommer les instruments qu'elles inventent, que de suivre le précepte d'Horace, de créer des mots formés d'éléments grecs. De là, dans la langue de la physique, de la médecine, de la critique, de la politique même, tant de mots qu'on ne peut bien comprendre sans avoir pris au moins une teinture du grec, et ce nombre augmente chaque jour.

Mais les idées ont bien plus d'importance que les mots. Qui ignore que la Grèce a été pour nous une véritable initiatrice ? Rome déjà nous avait transmis ce qu'elle en avait reçu ; mais ce fut bien autre chose au quinzième siècle. Nous avons dû les bienfaits de la Grèce à ses malheurs. Pendant le moyen-âge le schisme mettait entre elle et nous une hostilité qui rendait impossible toute influence réciproque ; conquise et asservie par les Turcs, elle n'inspira plus que de la pitié. La France, comme l'Italie, ouvrit les bras aux exilés de Constantinople, et des trésors de science et d'érudition furent le prix de cette hospitalité. Comme ces fleurs qui exhalent tout leur parfum quand on les écrase, la Grèce foulée aux pieds par le despotisme brutal des Osmanlis, répandit dans l'Europe latine la connaissance et le sentiment de ses richesses poétiques, philosophiques, scientifiques. La France en profita plus que tout autre peuple, et l'union du génie grec avec notre propre génie produisit bientôt les fruits les plus abondants et les plus beaux. Ce sont notamment ces « pompeuses merveilles » du théâtre de Racine, ces *Phèdre*, ces *Andromaque*, ces *Iphigénie*, à la fois grecques et françaises, antiques et chrétiennes, dont l'âme charmante trahit cette double origine ; puis le *Télémaque* de Fénelon, les *Fables* de Lafontaine, et tant d'autres livres moins célèbres, où respire la pure élégance des poëtes et des prosateurs de la Grèce; puis enfin, au seuil de notre siècle, les poésies d'André Chénier. Cet aimable poëte n'était point seulement nourri du suc des lettres grecques ; il était grec par la naissance, grec autant que francais par le sang, venu en France à trois ans sur les genoux d'une jeune Hellène qui lui avait appris sa langue en lui donnant son lait. Puisque son talent moissonné avant l'âge est si cher encore à notre génération, que n'aurait pas produit en lui, dans une vie plus longue, l'union et comme l'hymen de ces deux races exquises !

Parfois, il faut l'avouer, un peu de superstition se mêla à ce culte; les idées de l'antiquité ne furent pas toujours bien appliquées ni bien comprises; en littérature comme en philosophie on invoqua souvent mal à propos l'autorité d'Aristote. De même certaines folies de la politique révolutionnaire, certaines routines des beaux arts trahirent le calque servile d'un passé auquel l'oubli des traditions chrétiennes donnait intempestivement une valeur exagérée. Mais ces excès furent passagers. Mieux connues et mieux comprises, grâce au progrès de l'érudition, les leçons que nous donne la Grèce ne peuvent plus égarer personne. Etudiée de plus près, l'histoire grecque s'est dépouillée de ce nuage brillant, mais trompeur, à travers lequel le bon Rollin la voyait encore. La Grèce s'est montrée à nous dans sa vérité, très-grande, très-héroïque, mais instructive par ses fautes et ses malheurs au moins autant que par ses triomphes et ses vertus. D'autre part, quoi qu'en puissent dire les détracteurs du présent, nous connaissons mieux, nous jugeons mieux qu'autrefois les modèles littéraires de la Grèce. Sur ce point aussi quelques illusions sont tombées. Sans rien perdre de sa vivacité, l'admiration est devenue plus clairvoyante et plus sûre d'elle-même. Il n'est plus à craindre qu'un enthousiasme superstitieux pour des formes vieillies fasse violence à notre vraie génie. Mieux on a lu Aristote, plus on a constaté que les commentateurs avaient souvent altéré sa pensée ; mieux on a connu les épopées homériques ou les tragédies de Sophocle, plus on a vu quelle fausse idée s'en était faite longtemps les théoriciens et les imitateurs.

Hélas! le danger n'est plus de ce côté. Ce n'est plus au nom de la Grèce que les révolutionnaires contemporains sapent les institutions chrétiennes. Ils déduisent les conséquences d'une métaphysique athée qui nous vient de l'Allemagne. De même en littérature, ce qui égare tant d'esprits bien doués ; ce n'est plus l'autorité d'Aristote, mais bien plutôt la liberté excessive qu'on revendique pour une inspiration douteuse. La fantaisie, le caprice individuel, n'est-ce pas la première règle de la poétique régnante? Et jamais conseil d'Aristote ou de Boileau fut-il aussi fidèlement suivi ?

Dans un livre où il se montre très-dur pour la race grecque, M. de Maistre s'interrompt pour faire cette déclaration qui a bien du prix dans sa bouche : « Les lettres et les arts furent le triomphe de la Grèce. Dans l'un et l'autre genre elle a découvert le beau ; elle en a fixé les caractères ; elle nous en a transmis des modèles qui ne nous laissent guère que le mérite de les imiter ; il faut toujours faire comme elle, sous peine de mal faire (1). » J'avoue, Messieurs, que je n'irais pas jusque là. L'éloquent adversaire de la Grèce exagérait ici l'éloge pour exagérer ailleurs le blâme. Il y a des arts et des genres littéraires où nous sommes supérieurs aux Grecs. Rien n'est aussi beau, même dans Sophocle et dans Thucydide, qu'*Athalie* et que le *Discours sur l'histoire universelle*. Mais ces chefs-d'œuvre existeraient-ils si Racine n'eût connu, n'eût aimé, n'eût pratiqué familièrement et profondément senti les beautés de Sophocle, si Bossuet n'eût relu pour l'éducation du dauphin toute la littérature grecque, avec une pénétration et une vivacité d'admiration dont les traces sont partout visibles ? Quant aux arts, il en est un au moins pour lequel le mot de Joseph de Maistre est d'une verité incontestée. Les débris de la sculpture grecque ne sont-ils pas encore aujourd'hui l'école unique de nos statuaires ? Qu'on s'indigne, si l'on veut, de cette éternelle domination que le génie des Phidias et des Praxitèle exerce encore sur quiconque cherche le beau dans les formes physiques ; il faut la subir « sous

(1) Joseph de Maistre; *Du Pape*.

peine de mal faire ». Mais cela est vrai aussi en partie de la littérature. Homère, Sophocle, Thucydide, Démosthènes offrent aux poëtes, aux historiens, aux orateurs des modèles équivalents, aussi utiles, aussi difficiles à remplacer. De part et d'autre c'est le même enseignement du simple et du vrai; de part et d'autre c'est la même source pure où le génie ne se retrempe jamais sans en sortir plus fort et plus brillant.

Voilà bien des raisons pour ne pas laisser affaiblir chez nous dans les classes privilégiées et dans l'élite des esprits les études de langue et de littérature grecque. Mais de nos jours on en a trouvé une de plus que Rollin ne soupçonnait pas, et qui sera peut-être une nouveauté pour quelques personnes de cet auditoire. Vous voulez, a-t-on dit, repousser le grec de l'éducation comme inutile; il dépend de vous d'en faire la plus utile des langues, celle que voyageurs, négociants, industriels auront le plus d'intérêt à apprendre, le plus d'occasion de pratiquer; une vraie langue internationale et universelle. Telle est la thèse que développent habilement et non sans raisons séduisantes quelques philhellènes tant en Grèce qu'en France; tel est l'argument souverain qu'ils opposent aux utilitaires et aux novateurs.

Le grec, disent-ils, n'est pas une langue morte comme le latin, On le parle encore, non seulement à Athènes et dans la Grèce propre, mais sur toutes les côtes de l'Orient, et même dans plusieurs grandes villes de l'Occident, Venise, Marseille, Londres, où de nombreuses colonies de négociants grecs sont depuis longtemps fixées. Apprendre le grec, c'est apprendre une langue vivante, acquérir un moyen de communication toujours utile, souvent indispensable, avec un peuple de plusieurs millions d'hommes dont l'importance grandit chaque jour. Le mouvement de commerce, de graves intérêts matériels, religieux, politiques, se concentrent sur l'Orient. De grandes questions ne peuvent tarder à se résoudre à l'est de la Méditerranée, parmi des peuples d'origine grecque qui seront appelés à y jouer un rôle capital. A ce moment il sera plus utile de parler leur langue que l'anglais, l'allemand ou l'italien.

Or cette langue nous l'apprenons tous déjà. Dans toute l'Europe, il n'est pas un jeune homme des classes aisées qui n'y consacre une part notable de son temps. Ils l'étudient languissamment et l'oublient vite parce qu'ils ne lui voient aucun emploi pratique ; mais changeons de point de vue; étudions-là comme une langue vivante, comme un instrument de politique, de commerce, de plaisir. Cette étude ne tardera pas à devenir féconde, et le grec sera bientôt non-seulement un moyen de communication avec l'Orient, mais encore un langage commun à tous les hommes instruits de l'univers.

Tel est le brillant avenir que rêvent pour la langue grecque quelques philhellènes de l'Occident, et surtout de nombreux patriotes grecs passionnés à juste titre pour leur idiome national. Aussi l'association française dont j'ai raconté l'histoire a-t-elle été accueillie avec transport non-seulement dans les colonies grecques de Marseille et de Londres, mais à Athènes, à Corfou, à Constantinople, et jusqu'au fond de la mer Noire, à Taganrog. Savants, négociants, hommes politiques, se sont fait un point d'honneur d'inscrire sur nos listes des noms plus ou moins connus, mais dont la physionomie atteste l'origine hellénique. L'université d'Athènes prit en bloc quarante souscriptions. Enfin un simple marchand de Constantinople, M. Christakis Bitos Zographos, nous envoyait naguère une somme de vingt mille francs. Libéralité vraiment royale, qui éclipse, vous l'avouerez, celle des Médicis et des François I. Assurément ce n'est point le seul amour des lettres qui la suscite ; c'est surtout le patriotisme, l'orgueil national. Délivrée en partie de la domination ottomane par un effort héroïque, la race grecque a ouvert son âme aux plus grandes espérances. Elle veut d'abord affranchir ceux de ses enfants sur lesquels le joug pèse encore; de là ces agitations périodiques qui inquiètent l'Europe; puis elle rêve de reprendre dans le monde une place et une influence dignes de son grand nom. Ce rêve serait bientôt une réalité si la langue grecque devenait la langue de la Méditerranée, le trait d'union de l'Occident et de l'Orient.

Malheureusement c'est à deux conditions dont la possibilité est contestée par des juges compétents ; l'une que les écoles de l'Europe apprennent à prononcer le grec comme le prononcent les vrais Hellènes, l'autre, que le grec moderne se rapproche davantage du grec ancien. Ce n'est point ici le lieu d'entrer dans des détails techniques. Il nous suffira de dire que les Grecs, eux aussi, ont altéré la prononciation de leurs aïeux, et que certaines pages de Démosthènes ne peuvent se lire à la moderne sans exposer à de graves confusions. En second lieu peut-on espérer qu'un peuple renonce à la langue qu'il parle depuis de longs siècles pour revenir à la pureté d'un idiome connu des seuls lettrés, d'un idiome qui, admirable pour exprimer les choses antiques, ne se prête que difficilement à l'expression des choses modernes ? Cela est-il même désirable ?

Le grec qu'on parle aujourd'hui est une vraie langue moderne, très-proche parente sans doute, mois toutefois distincte du grec ancien. Des changements profonds se sont opérés lentement, à travers le cours des âges, dans son organisation intime, changements analogues, quoique moins complets, à ceux qui ont tiré l'italien du latin. Au lieu de lutter contre ce travail des siècles, comme s'épuisent à le faire quelques écrivains grecs, ne serait-il pas sage de l'accepter, d'accueillir la jeune langue avec indulgence et sympathie, de l'épurer, de l'ennoblir, mais en lui conservant avec soin son vrai génie et ses qualités propres ? Cela n'empêcherait point, du reste, que les élèves de nos lycées ne pussent tirer un grand avantage de leurs études grecques pour l'intelligence et la pratique de l'idiome moderne. Déjà quiconque possède bien le grec ancien peut lire couramment les journaux grecs, le *Néologos* de Constantinople, l'*Aganippé* de Zacynthe, le *Philistor*, la *Mérimna* d'Athènes. La prononciation moderne, si l'on adoptait dans nos écoles ce qu'elle a de certain, ne présenterait plus tard que peu de difficultés. Ainsi cette langue si utile ne serait plus qu'un jeu pour notre jeunesse. Dès le collége on serait en état de la lire ; plus tard quelques mois d'exercice suffiraient pour l'entendre et la parler.

Toutefois, avouons-le, ce n'est pas sur ces promesses d'application pratique que se fondent nos meilleures espérances pour l'avenir des études grecques ; c'est bien plutôt sur les raisons déduites plus haut, l'utilité reconnue de l'étude des langues, et en particulier des langues anciennes pour la formation des jeunes esprits ; la nécessité de savoir un peu de grec pour comprendre pleinement beaucoup d'expressions françaises, et notamment tout le langage scientifique ; enfin l'heureuse influence que le génie grec a exercée sur le génie français, influence qu'il ne convient pas d'interrompre brusquement, qu'il faut laisser agir encore dans l'éducation supérieure des intelligences, en familiarisant l'élite de notre jeunesse avec la langue et la littérature de la Grèce. Le grec d'ailleurs a une amie qui ne l'abandonnera jamais, c'est l'Eglise chrétienne, qui ne peut laisser périr une de ses langues sacrées. C'est en grec que sont écrits presque tous les documents des quatre premiers siècles du christianisme ; et des luttes récentes ont montré combien il importait, pour déterminer exactement la pensée des Pères sur des questions capitales, de posséder à fond toutes les délicatesses de leur idiome. Aussi peut-on être assuré que, si un gouvernement utilitaire le chassait pour un jour de nos écoles, l'Eglise plus clairvoyante, le recueillerait dans les séminaires où elle forme ses jeunes recrues. Mais il est bien douteux que ce danger se représente. Les attaques dont le grec a été l'objet ont suscité, nous l'avons vu, une vive réaction ; d'habiles avocats ont pris sa défense. Quelques-uns même ont dépassé le but, puisqu'on a pu, dans un écrit ingénieux et éloquent, proposer de faire du grec le fond de notre éducation scolaire, et de lui sacrifier le latin.

L'auteur de ce paradoxe est un écrivain de beaucoup d'esprit et de talent, fort considéré des savants, fort goûté du public, M. Beulé, célèbre par la découverte des Propylées de l'Acropole d'Athènes, secrétaire perpétuel de l'Académie des Beaux-Arts, et que la science vient de céder à la politique où l'attend un brillant avenir. M. Beulé soutient cette thèse que la langue grecque doit occuper dans l'éducation une place plus importante que la langue latine. Il faut selon lui renverser les rôles. C'est par le grec que commenceront les jeunes enfants; le latin ne viendra que plus tard; c'est au grec que se borneront ceux qui ne peuvent faire des études complètes. Enfin partout le grec aura le rôle prépondérant et la part la plus forte; il sera le nécessaire, tandis que le latin ne sera plus qu'un accessoire et un luxe.

Voilà une proposition hardie et radicale, qui fait un curieux contraste avec les reproches qu'adressent au grec les utilitaires. Elle est née évidemment de la lutte même dont nous avons tracé l'histoire. Ici comme partout un excès en a amené un autre en sens inverse. A ceux qui repoussent le grec comme inutile, on répond que le grec seul est nécessaire. Mais d'autres pensées encore ont poussé M. Beulé dans cette voie. C'est ce qui ressort clairement de son beau et savant livre sur Auguste, ou plutôt contre Auguste. (1)

Homme d'érudition et de science, M. Beulé était déjà en même temps un homme politique, au moins en théorie, avant de l'être pratiquement à l'Assemblée nationale. Dans l'histoire ancienne il ne cherchait pas seulement la connaissance du passé, mais encore et surtout des leçons pour les temps nouveaux. Aussi son livre, véritable réquisitoire contre Auguste, était-il inspiré surtout par les préoccupations du présent. Pour en venir à ce qui nous touche, la littérature latine, celle du grand siècle, est, selon M. Beulé, dangereuse et corruptrice, parce qu'elle est née sous l'influence de l'empereur Auguste, qu'elle a loué et admiré Auguste, qu'elle l'a même adoré. Virgile et Horace, quelle que soit la beauté de leur génie et la perfection de leur langue, ne peuvent exercer sur l'esprit et le caractère de la jeunesse qu'une action délétère. Non-seulement ils acceptaient la servitude, mais ils l'ont rendue aimable; ils ont paré des fleurs de leur imagination les chaînes pesantes dont un usurpateur avait chargé leur patrie; ils ont fait de leur talent un instrument de tyrannie, pareils à ces oiseaux captifs qu'on dresse à chanter pour attirer leurs frères dans les piéges de l'oiseleur. Mettre nos fils à une semblable école, c'est les infecter

(1) *Auguste, sa famille et ses amis*. Paris, Michel Lévy, 1870.

des plus dangereuses maximes ; c'est les énerver et les corrompre. La littérature grecque, au contraire, est une école de liberté, de fierté virile propre à former des hommes et des citoyens. Donc, c'est par les lettres grecques qu'il faut façonner le jeunes intelligences, c'est d'elles surtout qu'il faut nourrir les jeunes cœurs. Les lettres latines viendront plus tard, lorsque, suffisamment affermis dans les sentiments de dignité morale, ils pourront écouter sans danger les sirènes du despotisme.

A ces raisons politiques et morales M. Beulé en ajoute d'autres tirées soit de la nature intime de la langue grecque, soit des mérites propres à la littérature qu'elle a produite. Rien de plus ingénieux et parfois de plus juste que ces considérations. Mais nous ne les discuterons point. Fussent-elles cent fois plus fortes, elles ne sauraient prévaloir contre des faits considérables qui ont toujours tranché la question et qui la trancheront toujours.

Sans examiner si le grec est plus ou moins voisin ou parent du français, c'est un fait que le latin est plus facile à apprendre, et qu'à travail égal on le sait mieux. C'est un fait encore que le latin est plus communément, plus généralement utile que le grec, par cela même que les choses romaines nous touchent de plus près que les choses grecques. Dans César, dans Tite-Live, dans Tacite nous lisons notre propre histoire ; pourrait-on le dire d'Hérodote ou de Thucydide ? Le droit romain est encore en grande partie la règle de nos contrats et de nos transactions ; est-ce vrai du droit athénien ? Il est regrettable peut-être que nous n'ayons pas à l'école de droit de Paris, comme à celle de Berlin, une chaire de legislation grecque ; mais cette chaire, utile aux curieux de l'antiquité, serait-elle nécessaire à nos praticiens ? C'est par l'étude du Digeste qu'ils apprennent à comprendre et à interpréter nos codes ; et pour s'assurer qu'ils l'étudient, on exige d'eux une thèse écrite en latin.

Enfin, et voici le fait capital devant lequel s'écroulent tous les raisonnements de M. Beulé, le latin est notre langue religieuse. Même pour l'enfant du peuple, même pour le dernier paysan, le latin joue un certain rôle dans l'éducation; ils apprennent leurs prières en latin, ils chantent en latin à l'église. D'humbles femmes retiennent ainsi dans leur mémoire de longs textes latins, en comprennent une partie et devinent le reste. Ponr l'enfant des classes aisées, le latin des prières et de la messe commence l'initiation aux secrets de la langue de Cicéron et de Virgile; et dès lors, il ne passe guère de jour sans en lire ou en réciter au moins quelques lignes. Faut-il s'étonner qu'il en acquière et qu'il en conserve une possession plus complète, plus sûre, plus pratique que du grec? Pour que le grec, comme le propose M. Beulé, prît la place et le rôle du latin, il faudrait de deux choses l'une, ou que la France cessât d'être catholique, ou que le catholicisme renonçât à la langue latine. Ce sont là deux hypothèses qu'on ne discute pas.

Prenons donc pour ce qu'il vaut ce brillant paradoxe. C'est une spirituelle et souvent très-sensée comparaison de la littérature d'Auguste et de celle de Périclès au point de vue politique; mais rien de plus. Que la lecture d'Horace et de Virgile, faite sans discernement et mal dirigée, puisse avoir des dangers pour l'âme, pour le caractère, pour le sens moral, nous ne le nions pas, bien que nous ne soyons pas de ceux qui les exagèrent; mais n'y a-t-il rien dans les écrivains grecs qui puisse devenir un péril? Chez les plus grands, chez les plus purs, chez les plus graves, ne trouve-t-on pas bien des choses qu'il faut soustraire aux yeux de la jeunesse? On peut même dire que dans cette comparaison l'avantage reste aux lettres latines si on s'occupe moins des vertus politiques et davantage des vertus morales, moins du citoyen et plus de l'homme. Or, en définitive, c'est l'homme qui fait le citoyen; on ne peut les séparer. En tout cas, c'est l'homme et les vertus morales qu'il importe de développer d'abord dans l'enfant. Le citoyen et les vertus politiques sont d'un âge plus avancé. C'est précisément la marche que suit notre éducation traditionnelle, et, en dépit des plus habiles plaidoyers, elle n'en changera pas. Le latin, protégé, nous l'avons vu, par des raisons capitales, restera le premier degré de toute instruction libérale; le grec en sera toujours le second degré, moins nécessaire pour la vie pratique, mais infiniment utile pour donner aux jeunes esprits une tradition de simplicité, de bon sens, d'héroïsme, de perfection littéraire qui a été pour beaucoup dans la formation de notre génie national, qui a exercé de tout temps sur notre littérature la plus heureuse influence, et que, plus que jamais peut-être, il importe de conserver.

Pourrais-je vous parler, Messieurs, de ces beautés de la littérature grecque, sans rappeler à votre souvenir celui qui en était parmi vous un si fidèle interprète, le regretté M. Gunet, que vous m'appelez aujourd'hui à l'honneur de remplacer dans vos rangs? C'est par ses belles traductions des chefs-d'œuvre d'Eschyle et de Sophocle qu'il avait conquis sa place dans votre compagnie ; il aimait à les lire dans vos séances publiques, avec un talent et un succès que ces voûtes n'ont pas oubliés. Perdu alors dans la foule de vos conviés, j'assistais à ces nobles fêtes de l'intelligence, je joignais mes applaudissements à ceux de cet auditoire, lorsque votre confrère, de cette voix sonore et sympathique qui remuait toutes les fibres du cœur, faisait parler tantôt les douleurs du vieil Œdipe embrassant ses filles et arrosant de larmes leurs têtes enfantines, tantôt la sublime obstination de Prométhée bravant Jupiter sous les coups de la foudre. Collègue de l'auteur dans une autre enceinte, j'aimais en lui les qualités de l'homme, la noblesse de son caractère, la sûreté de son commerce, l'élévation constante de sa pensée. Mais dès lors nous nous inquiétions de ce penchant excessif à la solitude qui l'a si longtemps éloigné de vos réunions; nous craignions d'y reconnaître l'indice d'une secrète souffrance; et la mort prématurée qui nous a enlevé cet homme de cœur et ce charmant esprit n'a que trop justifié nos tristes prévisions. Du moins la mémoire de M. Gunet vit dans cette enceinte ; elle y vivra longtemps, ne fût-ce que par le vide qu'y laisse ce talent si souple, si facile, si brillant. Ces dons heureux sont rares, et l'on n'en sent tout le prix que lorsque, les ayant perdus, on voit combien il est difficile de les remplacer.

www.ingramcontent.com/pod-product-compliance
Lightning Source LLC
LaVergne TN
LVHW010300230826
846091LV00007B/3067

* 9 7 8 2 0 1 1 7 8 1 0 7 9 *